스필버그는 〈조스〉, 〈쥐라기 공원〉 등의 영화를 만든 20세기의 천재적인 영화감독이에요. 그는 어린이뿐만 아니라 동물, 외계인, 소외 받는 사람들, 미래 사회 등 무궁무진한 소재를 갖고 환상적이고 감동적인 영화를 만들었지요.
스필버그는 어린 시절 꿈을 재미와 감동을 주는 영화 만드는 일로 발전시켜 지금도 모든 열정을 쏟고 있답니다.

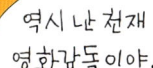

역시 난 천재 영화감독이야.

추천 감수 김완기

한국아동문학회 중앙위원장, 한국아동문학연구회 수석부회장, 국제펜클럽 회원으로 활동하고 있습니다. 서울신문 신춘문예에 동시가 당선되어 문단에 나왔으며, 한국아동문학작가상, 한정동아동문학상, 대한민국동요대상 등을 받았습니다. 초등학교 국어 교과서 집필·심의 위원, 서울서래초등학교 교장을 지냈습니다. 동화집 〈내 배꼽이 더 크단 말야〉 등 여러 권, 동시집 〈엄마, 이게 행복인가 봐!〉, 이야기책 〈마음이 따뜻한 101가지 이야기〉 등을 썼습니다.

추천 감수 이창수

한국문인협회 아동문학분과 회장, 한국아동문예작가회 명예회장, 한국아동문학회 부회장, 국제펜클럽 회원으로 활동하고 있습니다. 어린이 전문 출판사의 편집장, 주간을 지냈으며, 한국아동문예작품상, 한국아동문학작가상, 김영일아동문학상 등을 받았습니다. 지은 책으로 〈파란 꿈을 먹은 아이들〉, 〈따뜻한 남쪽 나라〉, 〈공포의 진주 동굴〉, 〈우주 여행〉, 〈구조대원 곰돌이〉, 〈화성인과 아기 도깨비〉, 〈백두산에서 감나무골까지〉, 〈바닷속 동굴에서 만난 사람〉 등이 있습니다.

추천 감수 송명호

한국아동문학회 회장, 한국문인협회 상임이사, 국제펜클럽 한국본부 이사로 활동하고 있습니다. 제1회 문화공보부 5월예술상, 제1회 소년한국문학상, 소천아동문학상, 한국문학상, 대한민국문학상, 국제펜문학상 등을 받았습니다. 지은 책으로 동시집 〈다섯 계절의 노래〉, 동화집 〈명견들의 행진〉, 영화 시나리오 〈소만 국경〉, 방송극 〈개벽〉, 장편 아동 소설집 〈전쟁과 소년〉(전5권), 〈똥딴지 독도 탐방대〉, 〈한국·세계 위인 전기〉(전집) 등이 있습니다.

추천 감수 이상현

한국문인협회 이사, 국제펜클럽 한국본부 감사, 한국아동문학회 수석부회장으로 활동하고 있습니다. 조선일보 기자, 서울 교통방송 편성국장을 지냈으며, 숙명여대, 인하대에서 학생들을 가르쳤습니다. 경향신문 신춘문예에 동시가 당선되고 〈현대 시학〉에 시가 추천 완료되어 문단에 나왔으며, 한국문학상, 국제펜문학상, 세종아동문학상, 소천아동문학상, 김영일아동문학상 등을 받았습니다. 지은 책으로 동시집 〈햇빛마을 가는 길〉, 동화집 〈짝꿍〉 등 여러 권이 있습니다.

글 이정희

서강대학교 사학과를 졸업했습니다. 독서 지도 및 N.I.E 강사를 했으며, 책끼리끼 연구원으로 〈무인도 표류기〉, 〈개 이야기〉, 〈소금 이야기〉 등 저술 및 독서 프로그램 개발 작업에 참여했습니다. 현재 어린이 독서교육 강사로 일하며 어린이 책을 쓰고 있습니다.

그림 허현경

동국대학교 경영학과를 졸업했습니다. 그린 책으로 〈수학이 궁금할 때 피타고라스에게 물어봐〉, 〈교과서 밖으로 날아간 생각〉, 〈눈치 삼 년〉 등이 있습니다.

한국아동문학회 출판문화대상을 받았어요!

지식똑똑 큰인물 탐구 34
스필버그

총기획 및 발행인 박연환 | **발행처** 통큰세상 | **출판등록** 제25100-2010-11호
연구개발원·회원무료교육센터 | **주소** 경기도 성남시 분당구 금곡동 444-148
대표전화 (031)715-7722·715-8228 | **팩스** (031)786-1100·786-1001
본사 | 서울특별시 강동구 길동 92 신동아아파트 제101동 제상가 제1층 101호
대표전화 (02)470-7722 | **팩스** (02)470-8338 | **고객문의** 080-715-7722
편집 김양미, 김범현 | **디자인** 조수진, 우지영, 성지현, 한지희

ⓒ 통큰세상

이 책의 저작권은 **통큰세상**에 있습니다. 본사의 동의나 허락 없이는 어떠한 방법으로도 내용이나 그림을 사용할 수 없습니다.

⚠ **주의** · 다칠 우려가 있습니다. 본 교재를 던지거나 떨어뜨리지 않도록 주의하십시오.
· 고온 다습한 장소나 직사광선이 닿는 장소에는 보관을 피해 주십시오.

지식똑똑 큰인물탐구 34 예술과 창조

최고의 영화감독
스필버그

글 이정희 | 그림 허현경

통큰세상

이 책을 읽기 전에

지식똑똑 큰인물탐구 34

최고의 영화감독
스필버그

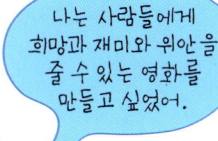
나는 사람들에게 희망과 재미와 위안을 줄 수 있는 영화를 만들고 싶었어.

- **08** 〈조스〉와 명감독 스티븐 스필버그
- **11** 호기심 많은 어린 시절
- **17** 장난기 많은 작은 마귀
- **25** 카메라로 무엇이든 할 수 있어!
- **34** 풋내기 감독
- **39** 풋내기에서 전문가로

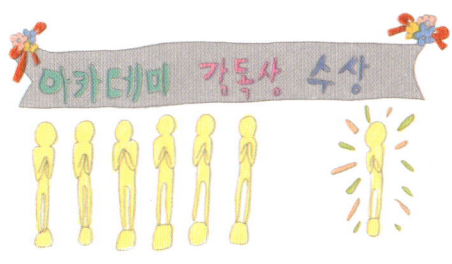

- **44** 흥행 감독으로 - 〈조스〉, 〈미지와의 조우〉
- **54** 신화를 만들다 - 〈레이더스〉, 〈ET(이티)〉
- **62** 〈컬러 퍼플〉과 아버지로 새로 태어나기
- **68** 〈쥐라기 공원〉과 〈쉰들러 리스트〉

〈조스〉와 명감독 스티븐 스필버그

빠밤빠밤빠밤.

오싹하고 기분 나쁜 영화 음악이 흐르고, 화면에는 검푸른 바다 위로 백상어가 천천히 모습을 드러내고 있어요.

잠시 후, 백상어가 갑자기 입을 크게 벌려 무시무시한 이빨로 사람을 물어뜯자, '으악!' 하는 비명이 극장 안 여기저기서 터져 나와요.

어떤 사람은 차마 볼 수가 없어서 손으로 눈을 가리고, 어떤 사람은 놀라서 입을 틀어막기도 해요.

이것은 1975년에 사람들이 영화 〈조스〉를 볼 때의 모습이에요.

이렇게 사람들을 두려움에 떨게 한 〈조스〉는 '스티븐 스필버그'라는 영화감독이 만들었어요.

'조스'는 사람을 잡아먹는 상어를 말해요.

스필버그는 사람들을 두렵게 하는 영화를 만들고 싶어서 조스를 영화에 등장시켰지요.

그해 여름, 사람들은 〈조스〉를 보면서 몸을 오들오들 떨었어요. 그리고 이 영화를 만든 사람에 대해 관심을 갖기 시작했어요.

스티븐 스필버그는 〈조스〉를 찍어, 서른 살이라는 젊은 나이에 온 세상에 이름을 날리기 시작했어요.

쉬는 시간이 끝나자, 커다란 코에 알이 둥근 안경을 걸치고, 수염이 덥수룩한 얼굴로 한 남자가 영화 촬영장에 들어서요.

남자는 야구 모자를 푹 눌러쓴 채 등받이에 자기 이름이 적힌 접이의자에 앉아요. 그런 다음, 모니터로 지금까지 찍은 장면을 꼼꼼히 살펴보아요. 배우와 제작진은 남자를 바라보면서 그가 신호하기를 기다리지요.

이윽고 남자가 매서운 눈길로 주변을 한번 둘러보더니, 장난스런 표정으로 외쳐요.
"액션!"
'액션'은 영화감독이 촬영을 시작한다는 뜻으로 하는 말이에요. '액션' 소리에 배우는 연기를 하고, 촬영 감독은 감독의 지시에 따라 카메라로 찍고, 조명 감독은 불빛을 비추고, 나머지 제작진 모두 저마다 맡은 일을 하기에 바빠요. 감독이 하는 말 한마디에 배우와 제작진은 마치 하나가 된 듯이 움직이지요.
이 영화 촬영장에 나타난 수염 덥수룩한 남자가 바로 명감독 스티븐 스필버그예요.
예순 살이 넘은 스필버그는 여전히 개구쟁이처럼 보이지만, 사람들을 이끄는 힘이 뛰어난 영화감독이에요.
배우와 제작진은 스필버그를 아버지나 친구처럼 믿고 따른답니다.

스필버그가 영화 〈라이언 일병 구하기〉 촬영 중에 톰 행크스(왼쪽)에게 설명하고 있네!

호기심 많은 어린 시절

스티븐 앨런 스필버그는 1946년 12월 18일 미국 오하이오 주 신시내티에서 태어났어요.
아버지 아닐드 스필버그는 컴퓨터 기술자였고, 어머니 레아 포스너는 결혼하기 전에 피아노 연주가를 꿈꾼 주부였지요.
아버지와 어머니 집안에서 처음으로 태어난 손자였던 스필버그는 어릴 적 어른들 사랑을 독차지했어요. 할아버지, 할머니들은 어린 스필버그가 아무리 집을 어질러도 얼굴 한번 찡그리지 않았지요.

"옛날에 무서운 곰이 있었는데……."
할아버지 할머니들은 손자 스필버그를 무릎 위에 앉혀 놓고 재미있는 이야기를 많이 들려주었어요.
"예쁜 우리 아기, 이번에는 베토벤 음악을 들어 볼래?"
"우리 아기 스티븐, 엄마랑 피아노 칠까?"
음악을 좋아한 어머니는 스티븐이 배 속에 있을 때부터 서양 고전 음악과 피아노 연주를 들려주었어요. 훗날 스필버그가 영화를 만들 때 필요한 박자 감각과 예술성은 어머니에게 배운 셈이지요.
"엄마, 사과에 발이 달리면 어떨까요?"
"아빠, 달은 왜 내가 가는 곳마다 따라와요?"
스필버그는 어렸을 때부터 호기심이 아주 많았어요.
궁금한 것이 생기면 답을 알아낼 때까지 묻기를 멈추지 않았지요.
"여보, 우리도 어릴 때엔 호기심이 많았잖아요? 그러니 스티븐의 질문도 잘 받아 주도록 해요. 자식에게 '오늘 학교에서 뭘 배웠니?'라고 묻기보다 '오늘 학교에서 무슨 질문을 했니?'라고 먼저 물어보라는 교훈도 있잖아요."

어머니의 말에 아버지는 고개를 끄덕였어요.
부모님은 스필버그가 하는 질문에 끝까지 참을성 있게 대답을
해 주었어요. 스필버그의 호기심을 풀어 주는 사람은 주로
아버지였어요. 아버지는 과학을 공부했기 때문에 스필버그가
하는 많은 물음에 정확한 대답을 해 줄 수 있었지요.
그런데 정확한 답이라도 스필버그 마음에 들지 않을 때가
있었어요. 상상력이 풍부한 아이였기 때문에 좀 더
재미있는 답을 듣길 바랐거든요.
'어떻게 하면 내 매부리코가 다른 아이들처럼
오뚝해질까?'
어린 스필버그는 곰곰 생각했어요.
'아, 고무테이프를 길게
잘라서 한쪽 끝은 코에, 다른
한쪽 끝은 이마에 붙이면 되겠구나!'
스필버그는 밤마다 얼굴에 고무테이프를
붙이고 잠자리에 들었어요.

후훗, 호기심 많은 우리 아들!

침대에 누운 스필버그 코를 보면 들창코가 되어서 돼지처럼 콧구멍이 드러나 보였지요.
꽤 오랫동안 테이프를 붙였지만, 스필버그의 코는 생각처럼 오뚝해지지 않았어요. 오히려 커다랗고 뭉뚝해져 버렸지요.
하지만 스필버그가 이런 짓을 하는 데에는 까닭이 있었어요. 스필버그가 유대 인이기 때문이었어요.
유대 인은 히브리 어를 쓰고 유대교를 믿는 사람들이에요.

우리 유대 인은 나치 때문에 수용소 생활도 했다오.

유대 인은 옛날에는 팔레스타인에 살았는데, 로마가 예루살렘을 무너뜨리자 세계 곳곳으로 흩어져 살았어요. 유대 인은 다시 팔레스타인에 모여 이스라엘을 세우기까지 많은 어려움을 겪었어요. 제2차 세계 대전 때에는 독일 사람들에게 대학살을 당하기도 했고, 이 나라 저 나라로 떠돌아다니며 인종 차별을 받기도 했지요.
"스필버그는 더러운 유대 인이다!"
"스필버그 코 좀 봐! 유대 인은 정말 괴상하게 생겼어!"
어린 스필버그는 친구들에게 이렇게 놀림을 당했어요.
그래서 어떻게든 코를 오뚝하게 만들어서라도 유대 인이란 걸 감추고 싶었어요.
"스필버그, 너희 집에 놀러 가도 되니?"
어쩌다 친구들이 집에 놀러 오는 것도 스필버그는 싫어했어요.
왜냐하면 집에는 유대 인 차림을 한 할아버지가 계셨기 때문이에요.
까맣고 긴 옷에 까만 모자를 쓰고, 흰 턱수염을 기른 할아버지를 친구들이 본다면 놀릴 게 분명했으니까요.

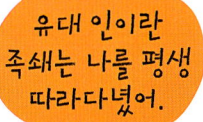

유대 인이란 족쇄는 나를 평생 따라다녔어.

유대 인은 하느님이 사람에게 지키라고 한 율법을 지켜야 해요.
하지만 스필버그의 부모님은 율법을 엄격히 지키지는 않았어요.
까다로운 유대교의 율법이 숨막힌다고 느꼈거든요.
그래서 다른 사람들처럼 편하게 살려고 했어요.
"스티븐, 이것 좀 먹어 보렴!"
어느 날, 어머니가 스필버그를 불렀어요.
부엌으로 달려간 스필버그는 놀라서 두 눈이 휘둥그레졌어요.
"엄마, 이건 게잖아요. 게를 먹으려고요? 랍비가 아시면 어떡해요?"
랍비는 유대 인에게 율법을 가르치는 선생님이에요. 게다가 유대교의
율법에서는 게나 새우를 먹지 말라고 되어 있거든요.
"랍비가 모르게 먹으면 되지."
엄마가 한쪽 눈을 찡긋했어요. 이렇게 자유로운 집안 분위기 속에서
스필버그의 상상력은 무럭무럭 자라났답니다.

장난기 많은 작은 마귀

1592년에 스티븐 가족은 뉴저지 캠든의 주택가로 이사를 했어요.
스필버그는 자라면서 엄청난 장난꾸러기가 되었어요.
어머니는 스티븐이 무슨 일을 저지르지 않나 걱정할 때도 많았어요.
하루는 스필버그가 접시를 들고 어머니한테 왔어요.
"엄마! 제가 샐러드를 만들었어요. 어서 드세요."
"정말? 우리 아들이 만든 음식이 얼마나 맛있나 볼까?"
어머니는 사랑스러운 눈길로 스필버그를 바라본 뒤, 접시로 눈을 돌리는 순간 깜짝 놀라고 말았어요.
접시 위에는 양상추와 부러뜨린 인형들이 함께 섞여 있었거든요.
그것도 동생들이 가장 아끼는 인형들을 말이에요.
그렇지만 어머니는 장난이 심한 스필버그를 야단치지 않았어요.

뉴저지 주에 있는 스필버그의 집이야.

이 집에서 스필버그는 상상력 풍부한 아이로 자랐지.

그런 짓을 하는 데는 무슨 까닭이 있을 거라고 믿었기 때문이었어요.
"앤, 수, 낸시, 애앤, 수우, 내앤시이이."
한밤중에 창문이 흔들리며 으스스한 목소리가 들려왔어요.
스필버그의 여동생 앤, 수, 낸시는 부스스 잠에서 깨어났어요.
창밖에는 유령 같은 하얀 물체가 두 팔을 벌려 창문을 마구 흔들고 있었어요.
"나는 달이다. 앤, 수, 낸시! 문을 열어라. 너희들을 잡으러 왔다!"
으아악! 여동생들은 깜짝 놀라 비명을 지르며 방을 뛰쳐나갔어요.
그 모습을 본 스필버그는 하얀 천을 벗고 깔깔깔 웃어 댔어요.
이렇듯 스필버그는 누군가를 두렵게 하거나 재미있게 해 주는 것을 즐겼어요. 사실 스필버그는 무척 겁이 많았어요. 그래서 자기가 느끼는 두려움을 다른 사람을 무섭게 함으로써 이겨 냈던 것이지요.
스필버그는 늘 엉뚱한 상상을 했어요.
'깜깜한 밤이 되면, 나뭇가지가 쑥쑥 자라서 창문을 깨고 들어올지도 몰라. 머리 위로 물건이 날아다니고, 장롱이 괴물로 변해서 나를 집어삼키면 어쩌지?'
스필버그는 무서워서 이불을 푹 뒤집어쓰고 잠을 잤어요.
어린 스필버그가 느낀 두려움은 나중에 영화를 만드는 데 큰 도움이 되었어요. 자기가 느꼈던 무서움을 영화 속에 그대로 풀어내면 되었거든요.

스필버그가 네 살 때, 아버지는 텔레비전을 사 왔어요.
그때부터 스필버그는 그 작은 상자에 푹 빠져들었어요.
흑백 화면에서 나오는 장면을 모두 빠뜨리지 않고 보려고 했지요.
"스티븐, 너 너무 텔레비전만 보는 거 아니니?"
엄마가 걱정을 하자 스필버그가 대답했어요.
"엄마, 전 지금 뭘 찾고 있어요."
"뭘 찾고 있는데?"
"텔레비전으로 누군가 신호를 보내고 있을지도 모르거든요.
잘 지키고 있어야 해요."
어린 스필버그에게 텔레비전은 꿈을 키워 주는 도구였어요.
"으아앙!"

텔레비전을 보던 스필버그가 갑자기 울음을 터뜨렸어요.
집 안이 떠나갈 듯한 울음소리에 아버지와 어머니가 놀라서 달려갔어요.
"뱀! 뱀이 나를 잡아먹으려고 해요!"

텔레비전으로 누가 신호를 보내고 있는지 지키고 있는 거예요.

깜짝 놀란 부모님이 주변을 살펴보았지만 살아 있는 뱀은 없었어요.
텔레비전 속에만 혀를 날름거리는 뱀들이 우글거릴 뿐이었지요.
어린 스필버그가 텔레비전에 나오는 뱀을 보고 진짜처럼 생각했던
것이에요.

**그 뒤로 부모님은 스필버그가 텔레비전을 보지 못하도록
하얀 천을 덮어 두었어요. 하지만 스필버그는 하얀 천 속으로
들어가 몰래 텔레비전을 보곤 했지요.**

이 경험은 스필버그가 만든 영화 〈폴터가이스트〉에 하얀 천으로 덮인
텔레비전이 갑자기 켜지는 장면이나 〈인디애나 존스〉에 뱀이
우글거리는 장면으로 나오기도 해요.

어느 날, 아버지는 스필버그에게 책 한 권을 선물했어요.
텔레비전에만 빠져 있는 아들이 책에도 관심을 갖기 바랐거든요.
스필버그는 책 모서리에 작은 그림을 차례차례 그려 넣었어요.
'여기에는 팔을 위로 올린 그림, 뒷장에는 팔을
아래로 내린 그림을 그리자.'
그림을 다 그린 스필버그가 책장을 훌훌 넘기자,
그림들이 살아 움직이는 것처럼 보였어요.
스필버그는 상상했던 장면을 책에 그려 움직이게
하면서 이야기를 만들어 나갔어요.
이것이 스필버그가 처음으로 만들어 낸 영화랍니다.
비록 카메라로 찍은 것은 아니었지만 말이에요.

스필버그는 어려서부터 움직이는 그림에 관심이 많았구나.

스필버그 가족은 아버지 직업 때문에 어릴 적부터 자주 이사를 다녔어요.
스필버그는 유대 인이라 친구들에게 따돌림 받기 일쑤였는데, 자주 이사를 다니는 바람에 친구를 사귀기가 더욱 힘들었지요.
스필버그 곁에서 친구가 되어 준 건 오로지 카메라뿐이었어요.
스필버그는 여덟 살 때 처음으로 카메라를 만져 봤어요.
어머니가 아버지에게 8밀리미터 무비 카메라를 선물했거든요.
카메라 렌즈 너머로 본 세상은 스필버그에게 아주 새로웠어요.
스필버그는 언제나 카메라로 세상을 바라보고 싶었지요.
하지만 카메라는 늘 아버지 손에 들려 있었어요.
"스티븐, 어떠냐? 이번 우리 식구 야영을 찍은 건데 잘 나왔지?"
"아빠, 화면이 너무 떨리잖아요."
"처음이니까 그렇지. 차차 나아질 거야."
"식구들이 밥 먹는 장면을 이렇게 찍으면 표정이 잘 안 보이잖아요."
"그럼 어떻게 찍는 게 좋겠니?"
"저 같으면 반대쪽에서 찍겠어요. 그리고 막 돌아다니지 말고 한 사람

한 사람 표정을 잘 잡아내면 더 좋을
듯해요."
스필버그에게는 아버지가 만든 야영
영화가 좀 지루했어요.
"아빠, 오늘은 제가 찍어 보고 싶어요."
열두 살이 됐을 때 스필버그가 어렵게
말을 꺼냈어요. 아버지는 카메라를
만지고 싶어 하는 스필버그 마음을 잘 알고
있었어요.
"그래, 네가 이제부터 우리 집 카메라맨이다!"
"와! 고마워요, 아빠! 꼭 멋진 작품을 찍어서
보여 드릴게요."
카메라를 손에 쥔 스필버그는
야영하는 모습을 줄거리가
있는 드라마처럼 만들고
싶었어요.

제가 '액션'이라고
외치면 움직이세요.

"아빠, 저를 차에서 먼저 내려 주세요. 제가 앞으로 달려가 손짓을 하면 차를 세우고 짐을 내리세요."

"엄마, 제가 '액션'이라고 외치면 생선을 다듬어 주세요."

"낸시, '액션'이라는 소리가 들리면 공놀이를 시작해. 알겠지?"

스필버그는 야영할 때 일어나는 상황을 만들고, 마음에 안 드는 장면은 빼기도 하면서 영화를 만들었어요.

"와하하하, 정말 재밌어."

식구들은 스필버그가 만든 야영 영화를 보며 감탄했어요.

스필버그는 카메라로 어떤 장면을 더 찍을 수 있는지 궁금해졌어요. 장난감 기차로 기차끼리 부딪치는 장면을 찍어 보기로 했어요. 우선 카메라를 기찻길 높이에 놓았더니, 장난감 기차가 진짜 기차처럼 크게 보였어요. 스필버그는 오른쪽에서 왼쪽으로 가는 기차와 왼쪽에서 오른쪽으로 가는 기차를 각각 찍었어요. 그러고는 두 장면을 합쳤더니 기차가 진짜로 부딪치는 것처럼 보였어요. 두려움에 떠는 플라스틱 인형 얼굴까지 크게 찍어서 긴장감을 높였지요.

이렇게 만든 작품이 〈마지막 기차 충돌〉이라는 3분짜리 영화예요. 스필버그가 처음으로 만든 영화지요.

'난 공부도 못하고 운동도 잘하지 못해. 하지만 카메라만 있으면 뭐든지 해낼 수 있어. 난 꼭 훌륭한 영화감독이 될 거야!'

열두 살 스필버그는 마음속으로 굳게 다짐했어요.

카메라로 무엇이든 할 수 있어!

1961년, 스필버그는 애리조나 주 피닉스에 있는 아르카디아 고등학교에 들어갔어요.
스필버그는 고등학교를 다니던 내내 성적이 아주 나빴어요. 영화를 만들고 영화 대본을 쓰느라 공부에 소홀하기도 했지만, 글자를 제대로 읽지 못하는 '실독증'이라는 병이 있었거든요.
스필버그는 책을 읽기가 힘들었고, 공부를 하기도 어려웠어요.
자기가 쓴 영화 대본 한 편을 읽는 데도 몇 시간이 걸렸지요.
"스티븐, 더 이상 네 성적을 두고 볼 수가 없구나. 이대로 가다가는 고등학교도 졸업 못 하겠다."
아버지는 날마다 아침 일찍 스필버그를 깨웠어요. 그러고는 학교 가기 전에 수학을 가르쳐 주었지요. 하지만 아버지가 애쓴 보람도 없이 스필버그의 성적은 올라가지 않았어요.
"아버지, 수학이나 과학은 영화를 만드는 데 별로 도움이 되지 않아요."
스필버그가 늘 이렇게 변명하면, 아버지는 늘 이렇게 말했어요.
"난 네가 나처럼 컴퓨터를 다루는 사람이 되기를 바란단다, 스티븐."

스필버그의 장래를 두고, 스필버그와 아버지의 생각이 다르네.

하지만 스필버그는 성적이 나빠서 아버지 기대를 채워 주지 못했어요.
스필버그는 학교에서 항상 외톨이였어요.
외로운 스필버그는 영화를 만들면서 스스로를 위로했지요.
그런데 영화를 만들자 친구들과 어울리는 게 쉬워졌어요.
친구들을 영화에 출연시키면서 친해졌던 것이지요.
스필버그는 전쟁 영화를 찍을 계획을 세웠어요.
'독일군과 미국군이 싸우는 장면을 제대로 나타내려면 특수 효과가 있어야 해.'
하지만 스필버그가 가진 50달러로는 할 수 있는 게 별로 없었어요.
'폭탄이 터지는 장면을 찍으려면 자욱한 연기와 먼지가 필요해.
어떻게 하면 돈을 들이지 않고 전쟁터 느낌이 나게 할 수 있을까?'
스필버그는 자나 깨나 이 생각뿐이었어요.
그러다 어머니가 요리하는 모습을 보고 답을 얻었어요.
스필버그는 얼른 슈퍼마켓으로 달려가 밀가루 한 포대를 산 뒤,
영화에 출연하는 친구들과 여동생들을 데리고 사막으로 갔어요.
먼저 사막에 구멍을 파고 널빤지를 걸쳐 놓았어요.
그 위에 밀가루를 듬뿍 뿌리고는 나뭇가지로 덮었지요.
배우들이 널빤지 위를 달리면 밀가루가 연기처럼 폴폴 피어올랐어요.
"와, 진짜 폭발 연기 같아!"
이렇게 만든 작품이 40분짜리 영화 〈도피할 곳이 없다〉예요.

2년이나 걸려서 만든 이 영화는 상영 시간도 44분이나 되는 중편 영화였어요. 스필버그는 이 영화를 아마추어 영화제에 내서 1등상을 받았어요.
"아빠, 이번에는 외계인이 지구인을 납치하는 영화를 찍으려고 하는데, 돈이 모자라요. 400달러만 빌려 주세요. 꼭 갚을게요."
아버지는 기꺼이 빌려 주었어요.
"잠깐만 비켜 주세요. 영화를 찍고 있어요!"
스필버그는 병원에 있는 사람들에게 소리쳤어요.

〈불빛〉을 고등학생이 만들었다고?

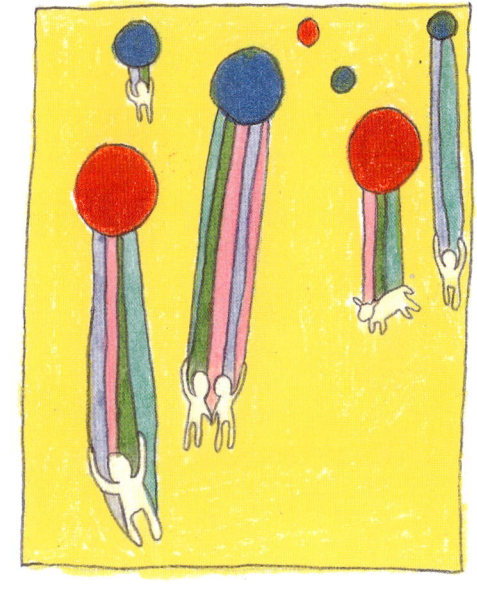

병원에 허락을 받지 않았기 때문에 스필버그의 친구들은 깜짝 놀랐어요.
하지만 스필버그는 아랑곳하지 않았어요.
"얘들아, 뭐 해? 어서 영화 찍을 준비를 하지 않고?"
스필버그가 불호령을 내렸어요.
친구들은 금방이라도 병원에서 쫓겨날까 봐 가슴이 조마조마했어요. 하지만 스필버그를 말리러 오는 사람은 아무도 없었어요.
어린 영화감독이 진지하고 열정적으로 영화를 찍는 모습에 반한 것이었지요. 심지어 구경꾼들이 단역으로 출연해 주기도 했어요.
스필버그에게는 이렇게 누구라도 고분고분하게 만드는 이상한 힘이 있었어요. 영화에 자신감이 생긴 스필버그는 용기 있게 자기 생각을 밀고 나갔어요.
그렇게 해서 〈불빛〉이라는 2시간 15분짜리 영화를 완성했어요.
1964년 3월 24일, 〈불빛〉은 피닉스 리틀 극장에서 상영되었어요.
사람들은 열아홉 살 고등학생 감독이 만든 외계인 영화에 폭 빠져들었어요.
보름 동안 상영된 영화는 놀랍게도 500달러라는 돈을 벌어들였지요.
"아빠, 여기 400달러요. 아빠한테 돈을 갚고도 100달러가 남았어요!"
〈불빛〉은 스필버그에게 돈을 벌어 준 첫 영화가 되었어요.

스필버그가 확실하게 감독으로 인정받은 첫 작품이기도 했지요.
그때, 〈애리조나 리퍼블릭〉이라는 지역 신문에 스필버그 기사가 실렸어요. '불빛이 지구인을 사로잡다' 라는 제목으로 스필버그를 칭찬했지요. 신문에서는 '초보지만 전문가 같은 감각이 있는 십대 감독' 이라고 평가했어요.

〈불빛〉이 상영된 이튿날, 스필버그는 캘리포니아 주에 있는 새러토가 고등학교로 전학을 갔어요.

그곳에는 아주 괴롭고, 힘든 일이 스필버그를 기다리고 있었어요.

학교에는 유대 인이 스필버그 한 명뿐이었거든요.

"저기 봐. 유대 인이야."

쉬는 시간에 복도를 지나가는 스필버그의 귀에 여기저기에서 아이들이 수군거리는 소리가 들려왔어요.

그때, 스필버그 발 앞으로 동전 하나가 데굴데굴 굴러 왔어요.

스필버그는 동전을 주워 주려고 허리를 숙였어요.

그러자 한 아이가 모두 들으라는 듯이 소리쳤어요.

"거봐! 유대 인은 다 욕심쟁이라니까!"

그러자 아이들은 스필버그에게 손가락질을 하며 키득키득 비웃었어요.

아이들은 유대 인을 사귀어 보지도 않고서 무조건 못되고, 잘난 척만 하고, 구두쇠일 거라는 편견에 빠져 있었던 거예요.

스필버그는 유대 인이란 점 때문에 많은 괴로움을 겪었구나!

아무도 도와주지 않아, 스필버그는 완전히 외톨이였지요.
따돌림이나 괴롭힘은 이것만이 아니었어요.
아이들은 지나가면서 일부러 스필버그를 툭툭 치기도 하고, 딱딱한 시멘트 바닥으로 밀어 넘어뜨려서 온몸에 멍이 들게 만들기도 했어요.
덩치가 크고 힘센 학급 대장은 걸핏하면 스필버그를 때려서 코피가 나게 만들었어요. 게다가 화장실 변기에 앉아 있을 때, 학급 대장이 작은 딱총 화약을 터뜨려서 크게 다칠 뻔한 적도 있었지요.
아무 잘못도 없이 괴롭힘을 당한 경험은 스필버그에게 오랫동안 상처로 남았어요.

스필버그는 이 경험을 〈백 투 더 퓨처〉에 그대로 살려 내기도 했어요. 〈백 투 더 퓨처〉에서 주인공을 괴롭히는 깡패들이 바로 스필버그를 괴롭히던 녀석들이지요.

'언제까지 당하고 있을 수만은 없어. 어떻게 하면 날 괴롭히는 아이들을 친구로 만들 수 있을까?'

스필버그는 며칠을 곰곰 생각한 끝에 학급 대장을 찾아갔어요.

"무슨 일이야?"

"저기, 내, 내가 영, 영화를 찍을 건데……."

스필버그는 떨리는 목소리로 말을 건넸어요.

"영화? 하, 쪼끄만 말라깽이가 영화를 찍는다고?"

학급 대장은 콧방귀부터 뀌었어요.

"응, 그래. 영화를 찍어 상을 받은 적도 있어. 이번에 또 영화를 만들 생각인데, 네가 존 웨인 같은 주인공을 맡아 주었으면 좋겠어."
학급 대장은 '존 웨인'이라는 말에 귀가 번쩍 뜨였어요.
존 웨인은 그때 남자아이들이 가장 좋아했던 남자 영화배우였어요.
누구나 영화에 나오는 존 웨인처럼 말을 타고 총을 쏘고 싶어 했지요.
학급 대장은 스필버그가 던진 미끼를 덥석 물었어요.
"존 웨인 같은 주인공? 좋아, 바로 시작하자!"
스필버그는 학급 대장과 영화를 찍기 시작했어요.
"아냐, 아냐. 대장, 거기서는 좀 더 자신 있는 표정을 지어야지!"
이제 학급 대장은 영화감독 스필버그가 하는 말을 고분고분 들어야 했어요.
나중에 스필버그는 이렇게 말했어요.
"나는 그때 카메라가 얼마나 멋진 무기인지 깨달았어요.
또, 카메라만이 나를 드러낼 수 있는 도구라는 것도 알게 되었지요."

미국의 영화배우 존 웨인이야.

풋내기 감독

1965년 6월, 스필버그는 새러토가 고등학교를 졸업했어요.
그런데 고등학교를 졸업하던 해에 아버지와 어머니가 헤어졌어요.
스필버그는 아버지와 둘이서 캘리포니아 주 로스앤젤레스에서 살게 되었지요.
스필버그는 좋은 영화학과가 있는 남가주 대학이나 캘리포니아 주립 대학에 가고 싶었어요.
하지만 성적이 나빠서 원하는 대학교에 갈 수가 없었어요.

스필버그는 롱비치에 있는 캘리포니아 주립 단과 대학 영문학과에 들어갔어요.
'학교가 유니버설 스튜디오에서 가까우니까, 학교를 다니면서 영화를 배우자!'
스필버그는 이렇게 스스로를 위로했어요.
아버지는 아직도 스필버그가 영화는 취미 삼아 하고, 아버지를 따라 전망 있는 컴퓨터 분야의 공부를 하기 원했어요.
아버지와 뜻이 달랐던 스필버그는 아버지와 점점 멀어졌어요.
로스앤젤레스에는 미국의 영화 중심지인 할리우드와 그곳에서 가장 큰 영화 촬영장인 유니버설 스튜디오가 있었어요.
혼자서 영화 공부를 하던 스필버그는 어느 날 유니버설 스튜디오를 구경하러 갔어요. 그곳에서 영화를 찍는 모습과 유명한 영화에 나온 건물을 직접 볼 수 있었지요.
'와, 여긴 영화 천국이야! 영화에 관련된 것이라면 없는 것이 없어!'
그날부터 스필버그는 유니버설 스튜디오를 제집처럼 드나들었어요. 한 주에 세 번 이상은 그곳에서 지내려고 학교 강의 시간표도 며칠에 몰아서 들을 수 있게 짰어요.

와, 유니버설은 영화 천국이네!

스필버그는 유니버설 스튜디오를 다니면서 좋은 사람들을 만나게 되었어요. 그 가운데 한 사람이 유니버설 직원인 척 실버스예요.
"척, 제가 찍은 영화인데 한번 봐 주실래요?"
"멋지구나, 스티븐. 영화에 대한 네 사랑이 느껴져. 넌 아주 재능이 있어!"
영화를 본 실버스는 스필버그의 열정과 노력에 감탄했어요. 그리고 스필버그가 영화를 공부할 수 있도록 많은 점을 도와주었지요.
"안녕하십니까? 영화감독 스티븐 스필버그입니다."
스필버그는 2년 동안 유니버설을 다니면서 늘 이렇게 인사를 하고 다녔어요. 스필버그는 자기가 만든 영화를 유니버설 사람들에게 보여 주고 싶었어요.
"제가 찍은 〈불빛〉이라는 영화인데 좀 봐 주시겠어요?"
"우리에게는 아이들 장난 같은 8밀리미터 영화를 볼 시간이 없어. 16밀리미터나 32밀리미터 영화를 만들어 오게. 그럼 봐 줄 테니."
유니버설 사람들은 보지도 않고 단번에 거절했어요.
스필버그는 자신을 알리려면 좀 더 큰 규모로 영화를 찍어야겠다고 생각했어요.
그러던 어느 날, 젊은 영화 제작자인 데니스 호프먼이 찾아왔어요.

와, 스필버그의 당당하고 자신감 넘치는 행동이 멋져!

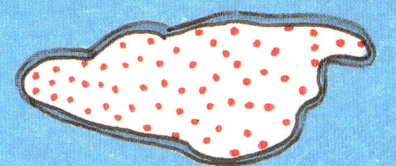
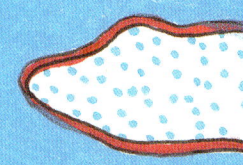

캘리포니아까지 가려면 얼마나 걸릴까?

영화 제작자란 영화를 만들어 돈을 벌기 위해 감독과 대본을 구하고, 여기저기서 투자를 받아 내어 돈을 대고, 영화를 만드는 데 필요한 여러 가지 일을 돕는 사람이에요.

"난 지금 록 그룹 '옥토버 컨트리'의 음악을 살리는 영화를 만들려고 해요. 당신에게 맡기고 싶은데, 할 수 있겠어요?"

"도와만 주신다면 어떤 영화라도 만들 수 있어요!"

스필버그는 자신 있게 승낙했어요.

"데니스, 이런 이야기는 어떨까요? 사랑하는 소년과 소녀가 길을 떠나요. 사막에서 캘리포니아까지 오다가 여러 가지 일이 생기고, 두 사람은 결국 헤어지게 되지요. 길고 쓸쓸한 고속도로. 그 위에 울려 퍼지는 기타 소리……. 어때요?"

"그거 괜찮은데요. 어디 한번 해 봅시다."
1968년, 스필버그는 16밀리미터 영화 〈앰블린〉을 찍기 시작했어요.
"우웨엑."
영화를 찍는 동안, 스필버그는 아침마다 먹은 것을 다 토하곤 했어요. 숨이 턱턱 막히는 사막에서 많은 사람을 거느리고 일하는 게 너무 힘들었거든요. 게다가 모자라는 돈에도 불구하고 제대로 된 영화를 찍으려다 보니 신경이 예민해져 있었지요.
〈앰블린〉은 그해 12월에 극장에서 상영되었어요.
실버스는 〈앰블린〉을 보고 펑펑 울어 버렸어요.
"스티븐, 완벽해! 네 생각을 화면에 그대로 담아내다니. 너는 타고난 영화감독이야!"
온갖 고생을 하면서 만든 〈앰블린〉은 1969년 6월 애틀랜타와 베니스 영화제에서 으뜸가는 단편 영화로 뽑혔어요.

풋내기에서 전문가로

어느 날, 척 실버스는 꾀를 냈어요.
유니버설 텔레비전 제작국 부국장인 시드니 샤인버그에게 새 영화를 보여 주다가, 〈앰블린〉을 슬쩍 끼워 넣어 보여 준 것이었어요.
"이건 뭔가?"
"스필버그라는 젊은 감독이 만든 영화인데 아주 괜찮아요. 한 번만 봐 주세요."
샤인버그는 척 실버스가 한 행동에 얼굴을 찌푸렸지만, 〈앰블린〉을 끝까지 보았지요.
"이보게, 척. 가서 스필버그라는 감독을 데려오게."
스필버그를 만난 샤인버그는 대뜸 이렇게 말했어요.
"일주일에 275달러를 주겠네. 어때, 우리와 일하겠나?"
〈앰블린〉이 마음에 든 샤인버그는 스필버그에게 아주 좋은 조건을 내놓은 것이었지요.
스필버그는 아직 대학생인 풋내기 감독이었는데도 말이에요.
일주일 뒤, 스필버그는 유니버설 텔레비전과 계약을 맺었어요. 실버스 덕분에 스필버그는 유니버설과 계약을 한 가장 젊은 영화감독이 되었지요.

실버스 덕분에 유니버설과 계약한 가장 젊은 영화감독이 되었네.

스필버그가 유니버설에서 처음으로 찍은 작품은 텔레비전 연속물이었어요.

"안녕하세요. 〈나이트 갤러리〉 가운데 〈눈〉을 찍게 된 스티븐 스필버그입니다."

스필버그는 〈눈〉에 나오는 조앤 크로퍼드에게 인사를 했어요. 이름난 배우였던 조앤 크로퍼드는 스필버그를 찬찬히 바라보았어요. 허름한 옷차림에 비쩍 마른 몸, 얼굴에 여드름까지 난 스필버그는 아직도 소년 같았지요.

'어리지만 열정이 넘치고 눈빛이 살아 있어. 나중에 대단한 감독이 되겠는걸!'

조앤 크로퍼드의 보는 눈은 정확했어요. 스필버그는 몇 년 뒤에 미국을 대표하는 영화감독이 되었으니까요.

"반가워요. 난 조앤 크로퍼드예요. 잘 부탁해요."

예순두 살 크로퍼드는 젊은 감독 스필버그를

크로퍼드(오른쪽)와 함께 작업을 하는 20대의 스필버그야.

믿고 잘 따라 주었어요.

하지만 스필버그가 찍은 〈눈〉은 그다지 평이 좋지 않았어요.

"이대론 안 되겠어. 좀 더 준비할 시간이 필요해."

스필버그는 1년 동안 유니버설을 떠나 영화 대본을 쓰면서 더 열심히 공부한 뒤, 다시 돌아와 텔레비전 연속물을 찍게 되었어요.

탐정 이야기 〈콜롬보〉, 법률가 이야기 〈오웬 마셜〉, 미래 도시 이야기 〈로스앤젤레스 2017〉 같은 작품을 쉴 새 없이 찍었지요.

"스필버그는 그동안 텔레비전에서 볼 수 없었던 새롭고 멋진 장면을 많이 보여 주었어. 스필버그가 만들면 뭔가 다르다니까."

사람들은 스필버그를 칭찬했어요.

이제 '전문 감독'으로 인정받기 시작했지만, 스필버그는 만족할 수가 없었어요.

"텔레비전 작품은 나에게 맞지 않아. 일정은 늘 숨 막히게 꽉꽉 짜여져 있고, 시간을 맞추지 않으면 안 되니…….

이런 곳에서 내 작품이 제대로 나올 수 있을까?

언젠가 꼭 극장 영화를 찍고 말 거야."

스필버그는 이렇게 다짐했어요.

끝없이 길게 이어진 캘리포니아 고속도로.

앞에는 승용차가 숨 가쁘게 달리고, 그 뒤를 바퀴가 열 개나 달린 커다란 트럭이 바싹 쫓아가요.

스필버그는 TV 연속물보다 영화 만드는 일에 관심이 더 많네!

트럭은 나타났다 사라졌다 하면서 승용차를 뒤쫓고, 승용차 운전사는 목숨의 위협을 느끼지요.
스필버그는 이런 내용이 나오는 소설 〈대결〉을 읽으면서 바짝바짝 숨이 막혀 오는 걸 느꼈어요.
스필버그는 곧장 영화 제작자한테 달려갔어요.

"〈대결〉을 영화로 찍게 해 주세요. 아주 흥미진진한 작품이 될 거예요."

하지만 영화 제작자는 내용이 너무 단순해서 안 된다고 말렸어요.

"화면을 여러 각도에서 잡으면 트럭이 더 무서워 보이고, 단순하지도 않을 거예요!"

스필버그는 제작자를 설득했고, 텔레비전 영화 〈대결〉을 찍게 되었어요. 스필버그 말대로 사람들은 트럭이 승용차를 쫓는 내내 손에 땀을 쥐었고, 가슴을 졸였어요.

〈대결〉은 크게 성공했고, 스필버그는 인기 감독이 되었답니다. 그러자 드디어 스필버그에게 〈슈가랜드 특급〉이라는 극장 영화를 찍을 기회가 찾아왔어요.

이 영화는 한 남자 죄수가 감옥에서 도망쳐 입양된 아기를 찾으러 가는 내용이었어요. 영화를 본 사람들은 〈슈가랜드 특급〉을 엄청나게 칭찬했어요.

"영화가 정말 새롭고 흥미진진해. 올해는 스필버그가 아카데미상을 휩쓸겠군."

하지만 결과는 사람들의 생각과 달랐어요.

사람들이 영화를 많이 보러 오지 않았거든요.

그때 스필버그는 생각했어요.

'아무리 기발한 영화를 찍어도 사람들이 알아주지 않으면 소용이 없어. 사람들이 좋아하는 게 뭔지 좀 더 연구해야겠어.'

흥행 감독으로—〈조스〉, 〈미지와의 조우〉

"누가 〈조스〉를 만들면 좋을까? 경험이 많은 영화감독이면 좋겠는데. 대부분은 고래와 상어조차 구별을 못하니……."

1973년 유니버설 영화 제작자 리처드 자눅과 데이비드 브라운은 소설 〈조스〉를 영화로 만들 감독을 찾느라 고민이었어요.

이 소문을 들은 스필버그는 두 사람을 며칠째 쫓아다니며 졸랐어요.
"제가 〈조스〉를 찍게 해 주세요! 정말 좋은 작품을 만들 자신이 있습니다!"
결국 스필버그는 〈조스〉의 감독이 되었어요.
'도대체 괴물 상어를 어떻게 만들지?'
고민 끝에 스필버그는 살아 있는 상어를 쓰려고 했어요.
하지만 상어를 찍기 위해 오스트레일리아 남쪽 바다로 갔으나, 스턴트맨이 물속으로 들어가기도 전에 상어가 보트를 공격하는 일이 벌어졌어요. 그래서 그 방법은 포기하고 말았지요.
스필버그는 결국 유능한 기계 제작가에게 부탁해서 많은 돈을 들여 기계로 상어를 만들었어요.
그런데 상어를 짠 바닷물에 담그자 고장이 나기도 하고, 13명이나 되는 조작 인원들이 서로 호흡이 맞지 않아 꼬리가 움직이면 머리가 비뚤어지는 등 조작에 어려움이 많았어요.

결국 수많은 시행착오를 거쳐 기계 상어가 환상적으로 움직여 실제 상어보다 훨씬 더 그럴듯하게 보였어요.

하지만 이것으로 끝이 아니었어요.

언제 파도가 거세어질지, 언제 비가 올지, 예측할 수 없는 실제 바다에서 영화를 찍느라 계획대로 진행되지 않았어요.

스필버그도 제작진도 바다에서 영화를 찍으며 지쳐 가고 있었어요.

스필버그는 그럴수록 마음을 독하게 다잡았어요.

'감독인 내가 지치면 나머지 사람들은 더 지쳐. 그들에게 힘을 북돋는 것이 내 책임이야.'

어느 날, 회사 측 간부가 보다 못해 스필버그를 찾아왔어요.

"스필버그, 그냥 그럴듯한 세트장을 만들어서 찍으면 어떨까?"

"안 돼요. 전 무슨 일이 있어도 바다에서 찍을 거예요. 세트장에서는 제가 생각하는 장면이 나오지 않아요. 보는 사람도 진짜처럼 느끼지 못할 거고요."

아무도 완벽하게 영화를 찍으려는 스필버그를 말릴 수가 없었어요.

결국 55일 동안 찍으려던 영화는 159일이나 걸렸고, 처음 영화를 만들 때 쓰려던 돈의 두 배인 1,000만 달러를 들여 영화가 마무리되었어요.

1975년 3월 28일, 드디어 〈조스〉가 극장에서 상영되었어요.

"아아아악!"

영화관에서는 커다란 비명이 터져 나왔어요.

짝짝짝짝! 사람들은 영화가 끝나자 모두 일어서서 박수를 보냈어요.
수많은 사람들이 〈조스〉를 보았고, 영화를 본 사람들은 바다에 가는 것조차 두려워했어요.
〈조스〉는 그때까지 나온 영화를 통틀어 가장 돈을 많이 벌어들인 영화가 되었어요.
스필버그가 영화를 너무 무섭게 잘 만들었기 때문이지요.
스필버그는 영화에서 한참 동안 상어의 전체 모습을 온전히 보여 주지 않고, 물살을 가르며 다가오는 지느러미만 크게 보여 주었어요. 왜냐하면 눈으로 보는 것보다 머릿속으로 상상하는 것이 더 무섭다는 심리를 알고 있었거든요. 사람들이 상어가 언제 나타날까 마음을 졸이다가 긴장을 늦췄을 때 갑자기 상어를 나타나게 하여 더 무섭고 재미있는 영화를 만든 것이지요.

이게 영화인들이 받고 싶어 하는 아카데미상이구나!

그해 7월, 아카데미상 시상식이 열렸어요.
'아카데미상'은 미국에서 가장 알아주는 영화상이에요.
사람 모양으로 생긴 '오스카'를 상으로 주기 때문에 '오스카상'이라고도 불리지요.
"올해 최우수 감독상은 〈조스〉를 만든 스필버그가 받을 게 분명해!"
많은 기자들이 이렇게 예측했어요.
하지만 스필버그는 아쉽게도 감독상 후보에도 오르지 못했어요.
〈조스〉는 음악상, 편집상, 음향상을 받는 데 그쳤어요.
스필버그는 감독상을 받지는 못했지만 '사람들이 좋아하는 영화를 잘 만드는 감독'으로 인정을 받았어요.
또, 〈조스〉의 성공으로 서른 살 스필버그는 아주 큰 부자가 되었어요.
그래서 찍고 싶은 영화를 마음대로 찍을 수 있게 되었지요.
스필버그는 오래전부터 만들고 싶었던 〈미지와의 조우〉를 찍기 시작했어요. '미지와의 조우'란 '우리가 잘 알지 못하는 세계 곧, 외계인과 우연히 만나다'라는 뜻이에요.

스필버그가 어렸을 때의 일이에요.
"스티븐, 어서 일어나!"

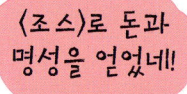
〈조스〉로 돈과 명성을 얻었네!

캄캄한 밤에 아버지는 곤히 자는 스필버그를 깨웠어요.
아버지는 잠옷도 갈아입지 않은 스필버그를 애리조나 사막으로
데리고 갔어요. 그곳에는 수많은 사람들이 누워 있었어요. 아버지와
스필버그도 그 사람들처럼 담요를 깔고 누워 하늘을 올려다보았지요.
그때, 스필버그는 너무 놀라서 두 눈을 의심했어요.
하늘에는 커다란 별똥별이 비처럼 쏟아지고 있었어요.
수많은 빛이 하늘을 가로지르는 것을 본 스필버그는 덜컥 겁이
나기도 했어요. 그리고 무엇 때문에 그런 일이 생겼는지 궁금했어요.

하늘에서 쏟아지는 수많은 별똥별, 놀라워하며 하늘을 바라보는
아들과 이야기를 들려주는 아버지.
이 장면은 〈미지와의 조우〉에 나오는 첫 장면이에요.
**스필버그가 자신의 어린 시절 기억을 화면에 그대로 옮겨
놓은 것이었지요.**

스필버그는 〈미지와의 조우〉를 찍기 위해 콜롬비아 영화사에서 큰돈을 받아 냈어요.
"〈조스〉만큼 돈을 많이 벌 자신이 있습니다."
큰소리를 쳤지만 〈미지와의 조우〉를 찍는 일은 생각만큼 쉽지 않았어요.
외계인의 지구 착륙을 찍기 위해 미 공군에 지원을 부탁했지만 거절당했어요. 〈조스〉가 바다에 대한 공포를 불러일으킨 것처럼 이 영화가 유에프오에 대한 공포를 불러일으킬까 봐 염려해서지요.
스필버그는 영화의 모든 장면을 직접 만들면서 찍어야 했어요.

스필버그는 결국 큰돈을 들여 축구장보다 큰 우주선 창고를 지었어요. 또, 신비로운 느낌을 주려고 많은 장면에 특수 효과를 썼지요.

특수 효과란 진짜로 보여 줄 수 없는 장면이나, 어떤 장면을 더 진짜처럼 보이게 할 때 쓰는 기술을 말해요. 스필버그는 특수 효과에 큰 매력을 느꼈어요.
이 영화에서는 배우들까지 스필버그를 힘들게 했어요. 아무것도 없는데 신비로운 뭔가가 있는 것처럼 연기하기가 어려웠기 때문이지요.
"리처드, 우주선에서 빛이 나오는 거예요. 좀 더 넋을 잃은 듯이 쳐다봐요!"
"아무것도 없는데 넋 잃은 듯이 쳐다보기가 힘들어요."

〈미지와의 조우〉는 스필버그가 꼭 만들고 싶은 영화였대!

"그냥 상상만 해 봐요. 나중에 특수 효과를 입힐 거니까요."
스필버그는 주인공을 달래 가며 영화를 찍었어요.
1977년 11월, 〈미지와의 조우〉가 극장에서 상영되었어요.
4년이라는 긴 시간과 많은 돈이 든 이 영화로, 2억 6천 9백만 달러라는 큰돈을 벌어들였고, 스필버그는 할리우드에서 첫째가는 감독으로 확실히 자리를 잡았어요.
수천 개의 불이 켜진 커다란 우주선, 눈부신 빛과 신비로운 음악, 큰 머리에 가늘고 긴 팔다리를 가진 우주인은 사람들의 관심을 사로잡았어요. 하지만 스필버그에게는 아쉬움이 남았어요.

'조지 루카스가 만든 〈스타 워즈〉보다 먼저 나왔더라면 좋았을 텐데. 둘 다 우주 이야기라서 〈미지와의 조우〉가 지닌 신비로움이 돋보이지 않았어. 영화를 계획한 날짜에 찍는 게 무엇보다 중요하군.'
스필버그는 이렇게 깨달았어요.

1977년 개봉한, 우주를 소재로 한 공상 과학 영화, 〈스타 워즈〉 포스터야.

The end
감사합니다

• 감독 ..... 스티븐 스필버그

후훗, 내가 보기에도 잘 만들었군. 난 역시 천재 영화감독이야!

신화를 만들다 – 〈레이더스〉, 〈ET〉

스필버그는 〈미지와의 조우〉를 찍던 중, 파티에 갔다가 에이미 어빙이라는 여배우를 만났어요.
갈색 머리에 검은 눈을 한 어빙은 스필버그와 말이 잘 통했어요.
몇 달 뒤에 스필버그는 어빙과 결혼을 했고, 행복한 나날을 보내게 되었어요.
〈미지와의 조우〉를 끝낸 스필버그는 〈1941〉이라는 영화를 찍었어요.
〈1941〉은 일본 사람들이 캘리포니아로 쳐들어온다는 내용을 우스꽝스럽게 그려 낸 코미디 영화예요.
〈조스〉와 〈미지와의 조우〉가 잇따라 성공하면서 스필버그는 자신감이 넘쳤어요.
"〈1941〉은 내가 만든 최고 코미디 영화야."
스필버그는 자기가 만든 〈1941〉을 보면서 깔깔대고 웃었어요.
하지만 가장 많은 돈을 쏟아부은 〈1941〉은 스필버그에게 처음으로 실패를 안겨 주었어요.
'〈1941〉은 엄청난 돈을 내버린 가장 엉망인 영화!', '스필버그는 그저 카메라를 잘 다루는, 돈만 밝히는 형편없는 감독!'
이런 평가가 쏟아졌고, 사람들은 〈1941〉을 보려고 하지도 않았어요.
스필버그는 고민을 많이 했어요.

 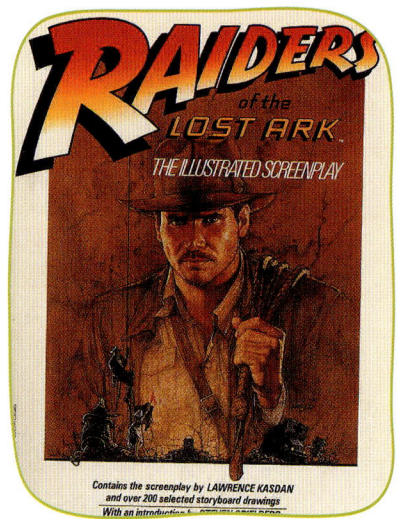

왼쪽은 실패한 영화 〈1941〉, 오른쪽은 대성공한 〈레이더스〉 포스터야.

'내가 성공에 취해서 겸손하지 못했어. 나도 실패할 수 있는 사람인데……. '실패는 성공의 어머니'라고 하잖아. 〈1941〉이 왜 실패했는지 따져 보고, 이번 일을 교훈으로 삼자.'
스필버그는 실망하지 않고 다시 일어났어요.
'난 돈만 밝히는 형편없는 감독이 아니야. 돈을 많이 들이지 않고도 좋은 영화를 찍을 수 있다는 걸 보여 주고 말겠어!'
그즈음, 〈스타 워즈〉를 만든 조지 루카스가 찾아왔어요.
"내가 이번에 제작하는 영화가 있는데, 자네가 감독을 맡아 주겠나?"
"조지, 어떤 영화인데요?"
"〈레이더스〉라는 영화인데, 인디애나 존스라는 괴짜 고고학자가 비밀 성궤를 찾으며 겪는 모험 이야기야. 영화를 찍을 돈은 많지 않지만, 자네라면 멋지게 만들어 낼 거라고 믿어."

스필버그는 능력을 보일 수 있는 좋은 기회라고 생각했어요.
"좋아요, 조지. 제가 한번 만들어 볼게요."
스필버그는 〈레이더스-잃어버린 성궤를 찾아서〉를 만들었어요.
루카스가 내놓은 2천만 달러를 다 쓰지도 않고, 원래 끝내기로 한 날짜보다 빨리 완성했지요.
이 영화는 수많은 사람들에게 사랑을 받았고, 스필버그는 아카데미상 감독상 후보에 올랐어요. 하지만 이번에도 상을 타지 못했지요.
스필버그는 〈레이더스〉가 성공하자, 속편으로 〈인디애나 존스-불운의 사원〉과 〈인디애나 존스-마지막 성전〉을 만들었어요.
하지만 스필버그는 이 영화들이 마음에 들지 않았어요.
하루는 영화 대본을 쓰는 친구 멜리사 매티슨을 만났어요.
"멜리사, 〈레이더스〉는 루카스 영화지 내 영화가 아니에요. 난 내 영화에서 많은 사람이 죽어 나가는 걸 바라지 않아요. 난 좀 더 꿈이 있는 영화를 만들고 싶어요."
"스필버그, 당신이 생각하는 꿈이 있는 영화는 어떤 건가요?"
"예를 들면, 외로운 아이들을 위로하는 따스한 내용의 영화지요. 나도 참 외로운 어린 시절을 보냈거든요."
"흠, 당신이 잘 만드는 건 외계인, 괴물, 모험 그런 이야기들이 아닌가요?"
"그래요. 아, 외계인과 외로운 아이를 엮어 보면 어떨까요? 외계인과 지구 소년 사이에서 피어나는 우정. 어때요, 그럴듯하지요?"

"스필버그, 당신은 천재예요. 아주 흥미로워요. 내가 한번 써 볼게요."

이렇게 해서 매티슨이 대본을 쓰고, 스필버그가 감독을 하고, 유니버설이 제작해 만든 영화가 그 유명한 〈ET(이티)〉예요.

'난 돈을 많이 벌고, 이름을 널리 알리려고 영화감독이 된 게 아니야. 내 상상을 이야기로 풀어내고 싶었을 뿐이었지. 이번에는 누구를 위해서가 아닌, 나를 위한 영화를 만들어야겠어.'

스필버그는 〈ET〉에 자기 모습을 가장 많이 담아냈어요.
주인공 엘리엇을 보면 스필버그의 어렸을 때 모습이 그대로 드러나요. 헤어진 부모님 때문에 가슴 한구석이 비어 있는 외로운 아이로 말이에요.

"외계인을 어떤 모습으로 만들까요?"

외계인을 만들 기술자가 스필버그에게 물었어요.

"내가 어렸을 때, 친구들은 머리가 크고 삐쩍 마른 나를 벌레 같다고

놀려 댔어요. 그때 내 모습이 꼭 지구인에 둘러싸인 외계인 같았지요. 아, 바로 그런 모습이 좋겠어! 약해서 보호해 주고 싶은 불쌍한 모습, 그런 모습으로 외계인을 만들어 봅시다!"

스필버그가 만든 외계인 이티는 사람들이 지금까지 영화에서 본 외계인과는 전혀 달랐어요.

이티는 식빵처럼 생긴 큰 머리, 커다란 두 눈, 가느다란 목, 기다란 팔을 하고서 부드러운 미소를 짓고 있었지요.

그때 미국에는 부모가 이혼을 해서 마음이 아픈 아이들이 많았어요. 〈이티〉는 외계인 이야기이지만, 사람들은 이티나 엘리엇과 똑같은 마음을 느꼈어요. 전 세계 사람들이 〈이티〉를 보고 눈물을 흘렸지요. 엘리엇과 이티가 자전거를 타고 커다란 달 앞을 날아가는 장면은 오래도록 사람들 마음에 남았답니다.

"엄마, 나 이티 인형 사 줘!"

"아빠, 나 이티랑 사진 찍을래."
1982년, 아이들은 너도나도 이티 인형을 갖고 놀고, 이티가 그려진 옷을 입고, 이티가 그려진 과자를 먹으려고 했어요. 처음 스필버그가 〈이티〉를 만들려고 했을 때, 회사는 별로 기대를 하지 않았어요. 하지만 〈이티〉는 극장에 올린 지 몇 주 만에 가장 많은 사람이 본 영화가 되었어요.

그해에 스필버그는 또 아카데미상 최우수 감독상 후보에 올랐어요. 그러나 감독상은 리처드 애튼버러라는 감독에게 넘어갔지요.
어리둥절한 애튼버러는 스필버그를 껴안으며 말했어요.
"이건 뭔가 잘못됐어요. 이 상은 당신 것입니다!"
당시 스필버그가 제작에 관여한 〈여명 지대〉의 영화 촬영 과정에서 헬리콥터 사고로 배우와 어린아이 두 명이 죽었는데, 그에 대한 책임으로 스필버그를 지명하지 않은 것이었지요.
그런데 스필버그는 상을 못 받을 걸 미리 알기라도 한 듯, 시상식 몇 시간 전에 이런 인터뷰를 했어요.
"상을 받을 만한 사람이 늘 아카데미상을 받는 건 아니라는 걸 이젠 깨달았어요. 언젠가 상을 준다면 기꺼이 받겠지요. 하지만 내가 가장 아끼는 작품으로 아카데미상을 받게 되지는 않을 것 같군요."

〈컬러 퍼플〉과 아버지로 새로 태어나기

〈이티〉는 성공했지만, 스필버그에게는 또 다른 고민이 생겼어요.
"스필버그는 늘 아이들이나 보는 영화를 만드는 감독이야."
사람들이 이렇게 말하기 시작했거든요.
'누가 뭐래도, 난 아이 어른 영화를 가리지 않고 내가 찍고 싶은 영화를 만들 거야.'
그때, 스필버그는 흑인 여성의 삶을 다룬 소설 〈컬러 퍼플〉을 영화로 만들고 싶었어요.
〈컬러 퍼플〉을 쓴 작가인 앨리스 워커가 말했어요.
"스필버그, 당신이 흑인 여성이 겪은 슬픈 삶을 제대로 느낄 수 있겠어요? 이 이야기는 흑인 감독이 만들었으면 좋겠는데."
"앨리스, 나도 어릴 때부터 유대 인이라는 까닭으로 끊임없이 시달렸어요. 유대 인이나 흑인이나 차별 받는 건 마찬가지 아닌가요?

저는 이미 힘없는 사람의 이야기인 〈슈가랜드 특급〉을 찍었어요.
저를 한번 믿어 보세요."
앨리스 워커는 스필버그의 열정에 반해 허락을 했어요.
스필버그는 알려지지 않은 배우인 우피 골드버그를 주인공으로
썼어요. 그래야 영화가 더 진짜처럼 느껴질 거라고 생각했지요.
경험이 부족한 골드버그가 하는 연기는 처음엔 엉망이었어요.
"스필버그, 내가 지금 어떻게 해야 하는지 모르겠어요."
"우피, 연기라고 생각하지 말고 진짜 샐리가 됐다고 상상해 봐요.
샐리는 지금 뭘 바라고 있죠?"
스필버그는 참을성 있게 골드버그를 도와주었어요.
그 결과 우피 골드버그에게서 아주 훌륭한 연기가 우러나오게
되었어요.

〈컬러 퍼플〉은 1985년에 극장에 올려졌고, 좋은 평가를 받았어요.
〈조스〉나 〈ET〉만큼은 아니었지만, 많은 사람이 보았지요.
그런데 어떤 이들은 곱지 않은 시선을 보내기도 했어요.
"유대 인이면서 흑인 영화를 만들다니. 겉멋만 잔뜩 든 감독이야!"
무엇보다 스필버그에게 가장 큰 상처를 준 건 아카데미상이었어요.
〈컬러 퍼플〉은 여우주연상을 비롯해 11개 부문에 걸쳐 후보에
올랐어요.
하지만 스필버그는 감독상 후보에도 오르지 못했지요.
좋은 영화를 만들고도 감독으로서 무시당한 스필버그는 마음이
아팠어요.
그런 스필버그에게 아주 큰 위로가 되는 선물이 생겼어요.
바로 아들 맥스가 태어난 것이었지요.

"이제 내가 진짜 어른이 된 것 같아요. 아버지가 되면서 감독으로나 남편으로나 모든 면에서 더욱 책임감을 느끼게 되었지요."

세상에! 스필버그는 〈컬러 퍼플〉처럼 좋은 영화를 만들고도 욕을 먹네!

아들이 태어나자 삶에 대한 생각이 바뀐
스필버그는 이렇게 말했어요.
'재능이 있는 많은 감독들이 돈이 없어서 날개를
펴지 못하고 있어. 이제 회사를 차려 감독들이
마음껏 영화를 만들도록 해 주자.'
더 큰 꿈을 품은 스필버그는 '앰블린

엔터테인먼트'라는 영화 제작사를 차렸어요.
스필버그는 작품이 마음에 들건 들지 않건 감독에게 모든 걸 맡겼어요.
스필버그는 제작자로서 1984년부터 1990년까지 영화 19편을 제작했어요.
그 가운데는 〈젊은 셜록 홈스〉처럼 나쁜 평가에 시달린 작품도, 〈백 투 더 퓨처〉처럼 전 세계에서 사랑을 받은 작품도 있었지요.
사람들은 '월트 디즈니'보다 큰 제작사를 만들라고 유혹했어요.
하지만, 스필버그는 거절했어요.
"맥스가 태어난 뒤, 내 꿈은 옛날과 달라졌어요. 난 디즈니처럼 될 수도 있어요. 하지만 디즈니처럼 되면 끔찍한 아빠가 될 거고, 반대로 그 꿈을 잊으면 좋은 아빠가 될 거예요."

아가야, 좋은 아빠가 될게.

어느 날, 〈콰이 강의 다리〉를 만든 데이비드 린 감독이 찾아왔어요.
"스필버그, 〈태양의 제국〉이라는 영화를 만들고 싶은데 제작을 맡아 주겠나?"
"물론이죠. 훌륭한 감독과 일하게 되어 영광입니다."
"내가 14년 동안이나 쉬어 어려움이 많을 텐데, 잘 부탁하네."
〈태양의 제국〉은 제2차 세계 대전 때, 부모와 헤어져 상하이 일본 포로 수용소에서 지내게 된 한 아이의 이야기예요.
하지만 린 감독이 도중에 포기하는 바람에 스필버그가 그 영화의 감독을 맡았어요.
〈태양의 제국〉은 생각만큼 많은 사람을 끌어들이지 못했어요. 하지만 스필버그에게는 매우 값진 작품이었어요.
'난 흥미진진하고 화려한 영화뿐만 아니라, 진지하고 예술성 있는 작품도 찍을 수 있어.'

스필버그는 스스로 이런 자신감을 가지게 되었지요.

하루는 아내가 말했어요.

"스필버그, 난 배우로 성공하고 싶어요. 더 이상 유명 감독인 당신 그늘에서 살 수가 없어요."

아들이 생긴 기쁨도 잠시, 스필버그는 에이미 어빙과 헤어졌어요.

1990년, 스필버그는 〈인디애나 존스〉에 출연한 케이트 캡쇼와 다시 결혼을 해서 샤샤를 낳았어요.

'내가 이혼을 하다니……. 남편, 아버지란 참 어려운 자리야. 어렸을 때는 아버지를 많이 원망했는데……. 아버지도 참 힘드셨겠구나.'

스필버그는 오랫동안 서먹서먹했던 아버지와 화해를 했어요.

그땐 제가 너무 어려서 아버지를 이해 못했어요. 죄송해요.

〈쥬라기 공원〉과 〈쉰들러 리스트〉

스필버그는 이름난 소설가인 마이클 크라이턴에게 물었어요.
"마이클, 요즘은 어떤 작품을 쓰고 있어요?"
"〈쥬라기 공원〉이라는 공룡 이야기를 쓰고 있어."
크라이턴은 이렇게 말하며 〈쥬라기 공원〉을 보여 주었어요.
〈쥬라기 공원〉은 한 사업가가 살아 있는 공룡이 있는 '쥬라기 공원'을 만들어서 생기는 모험 이야기예요.
책을 다 읽은 스필버그 눈앞에 공룡들이 살아 움직이는 듯했어요.
"크라이턴, 이 이야기를 영화로 만들고 싶어요."
하지만 〈쥬라기 공원〉을 영화로 만들기까지는 처음부터 어려움이 뒤따랐어요. 많은 제작자들이 〈쥬라기 공원〉을 서로 만들겠다고 달려들었기 때문이지요.
치열한 경쟁을 뚫고 결국 스필버그가 만들게 되었어요.
이 결정을 놓고 마이클 크라이턴이 말했어요.
"〈쥬라기 공원〉은 만들기 어려운 영화예요. 하지만 경험이 많은 스필버그가 잘 만들어 낼 거라고 생각했어요. 스필버그는 기술에 맞춰 영화를 만들기보다는, 영화에 맞는 기술을 만들어 내니까요."

와, 재미있게 본 〈쥬라기 공원〉도 스필버그가 감독했구나!

"마이클, 어려운 이야기가 많이 나와서 그런지 좀 딱딱해요."
스필버그가 마이클 크라이턴에게 말했어요.
"그렇지? 공룡 유전자 복제처럼 어려운 얘기를 하다 보니……."
"혹시 코넌 도일이 쓴 〈잃어버린 세계〉라는 책을 봤나요?"
"코넌 도일 작품이라면 〈셜록 홈스〉부터 안 읽은 책이 없어."
"그럼, 그 책에 나오는 티라노사우루스라는 무시무시한 공룡을 여기에 넣으면 어떨까요?"
"거, 재미있겠는걸?"

〈쥐라기 공원〉은 컴퓨터 그래픽으로 만들었어요.

스필버그는 처음에는 〈조스〉에 나오는 상어처럼 진짜 공룡과 크기가 똑같은 기계 공룡을 만들려고 했어요.
"이 공룡은 만들기만 힘들고, 가짜라는 게 너무 티 나. 뭐, 좋은 방법이 없을까?"

스필버그의 말에 효과 감독이 말했어요.
"컴퓨터 그래픽으로 공룡을 만들어 보면 어떨까요?"
"좋은 생각이야! 언젠가는 컴퓨터가 살아 움직이는 인물을 만들 거라고 생각했어. 그게 내 영화에서 처음 시도되다니!"
컴퓨터 그래픽으로 만든 공룡이 얼마나 그럴듯했는지 사람들은 이렇게 말하기도 했어요.
"사람이 인형 같고, 공룡이 더 진짜 같아!"
스필버그가 컴퓨터 그래픽을 써서 만든 특수 효과는 영화 발전을 한 단계 앞당겼어요.

'〈조스〉나 〈1941〉처럼 찍는 날짜가 길어지고, 돈만 자꾸 더 쓰게 되면 어쩌지? 날짜와 돈에 맞게 영화를 찍는 것도 감독의 능력인데.'
영화를 찍기 전에 스필버그는 빈틈없이 계획을 세웠어요.
어떤 장면을 찍을지 미리 만화로 그려 두어서 쓸데없는 장면을 찍지 않았고, 시간이 많이 걸리는 장면에는 특수 효과를 썼어요.
그 결과 〈쥐라기 공원〉은 원래 날짜보다 12일이나 일찍 완성됐어요.
하와이에서 영화를 찍는 동안 폭풍 허리케인이 불어왔지만,
아슬아슬하게 폭풍을 피해 영화를 마쳤지요.
1993년, 전 세계가 〈쥐라기 공원〉으로 들썩거렸어요.
이 영화는 극장에 올려진 지 넉 달 만에 〈이티〉가 세운 기록을
깼어요. 그리고 3억 달러라는 엄청난 돈을 벌어들였어요.
스필버그는 영화 부분에서 가장 돈을 많이 번 사람으로 손꼽혔어요.

1983년 봄, 스필버그는 폴덱 페퍼버그라는 유대 인을 만났어요.

"나는 제2차 세계 대전 때, 독일인 쉰들러가 구해 준 유대 인 가운데 하나라네."

"독일인이 유대 인을 구해 주었어요?"

스필버그는 깜짝 놀라며 물었어요.

"그래, 그때 난 강제 수용소에 끌려가 있었어. 그런데 쉰들러가 독일 군인에게 뇌물을 줘서 나와 아내, 다른 유대 인들을 빼내 주었지. 우리는 쉰들러가 하는 공장에서 안전하게 일했어. 그러다 쉰들러는 공장을 닫으라는 명령을 받고, 우리를 체코슬로바키아로 보내 주었지."

"그 이야기를 제게 하시는 까닭이라도 있나요?"

"자네는 훌륭한 감독 아닌가? 제발 이 이야기를 널리 알려 주게."

이 이야기를 들은 스필버그는 큰 부담을 느꼈어요.

할아버지, 할머니가 들려주었던 이야기와 유대 인이라고 괴롭힘을 당했던 기억이 떠올랐지요.

'이건 내 상처를 드러내는 이야기나 마찬가지야. 내가 이 이야기를 잘 풀어낼 수 있을까?'

결국 스필버그는 10년이 지난 뒤에야 〈쉰들러 리스트〉라는 영화를 만들게 되었어요.

'쉰들러 리스트'란 쉰들러가 구해 낸 유대 인들의 이름을 적은 목록을 말해요.

스필버그는 〈쉰들러 리스트〉를 아주 거칠어 보이게 만들었어요. 고통스러운 역사를 다큐멘터리처럼 있는 그대로 보여 주고 싶었거든요.
그래서 몇 장면만 빼고는 흑백으로 찍었어요.
또, 들고 다니는 카메라를 써서 사람들 모습을 생생히 담아내려고 애썼지요.
이 영화를 보면 모두 흑백인데, 한 아이만 붉은 원피스를 입고 있어요. 스필버그는 어두운 역사 속에서도 피어나는 희망을 그렇게 나타낸 것이지요.
〈쉰들러 리스트〉 시사회에서 영화를 보는 내내 스필버그의 어머니는 울음을 멈추지 않았어요.

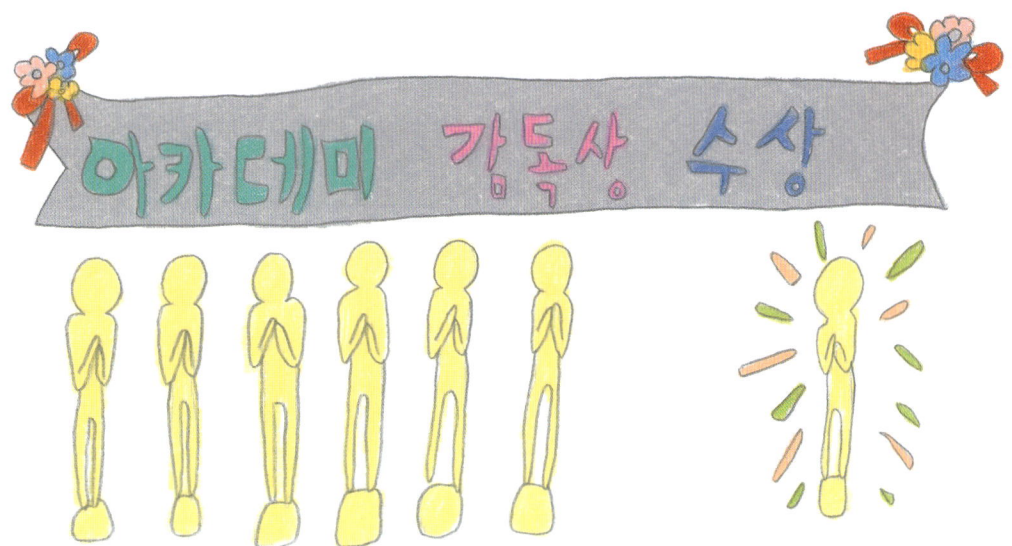

멋쩍어진 스필버그는 영화관 밖으로 나왔지요.
시사회가 끝나고 영화관에 들어가니, 많은 사람들이 새빨개진 눈으로 스필버그를 기다리고 있었어요.
'20세기에 저질러진 가장 끔찍한 일을 가장 잘 그려 낸 최고의 영화!'
〈쉰들러 리스트〉는 이런 평가를 받았어요.

그해에 스필버그는 드디어 아카데미상 최우수 감독상을 받았어요.

더 이상 스필버그에게 '싸구려 오락 영화만 만드는 감독'이라고 함부로 말하지 못하게 된 것이지요.
스필버그는 〈쉰들러 리스트〉로 번 돈을 유대 인 희생자 기록을 남기는 사업과 '유대 인 대학살 기념 박물관'에 기부했어요.
그제야 스필버그는 유대 인이라는 무거운 짐을 조금은 덜 수 있었어요.

1994년, 스필버그는 백악관에서 저녁 식사를 초대받았어요.
미국 대통령과 러시아 대통령, 디즈니 영화사 제프리 카젠버그
사장과 레코드 회사 사장인 데이비드 게펜도 함께였지요.
식사가 끝난 뒤, 세 사람이 따로 모인 자리에서 게펜이 말했어요.
"우리 꿈을 이룰 수 있는 좀 더 큰 영화사를 만들어 보면 어떨까요?"
스필버그, 카젠버그, 게펜은 뜻이 잘 맞았어요.
10월 12일, 세 사람은 힘을 합쳐 '드림웍스'라는 큰 회사를 세웠어요.
드림웍스는 〈라이언 일병 구하기〉 같은 영화부터 〈슈렉〉, 〈쿵푸팬더〉
같은 애니메이션에 이르기까지 좋은 작품을 많이 만들어 냈어요.
스필버그는 1998년에 〈라이언 일병 구하기〉로 또다시 아카데미
감독상을 받았어요. 그리고 2004년 9월 5일에는 프랑스 대통령에게
레지옹 도뇌르 훈장(프랑스 국가 최고 훈장)을 받았어요.
또한 스필버그는 남아시아 지진 해일(쓰나미) 피해자 돕기 성금으로
150만 달러(우리 돈 약 17억 원)라는 큰돈을 선뜻 내놓기도 했어요.
'꿈을 만드는 공장장'이고 '흥행의 마법사'이며 '미국 대표
영화감독'인 스필버그.
60세가 넘은 스필버그가 앞으로 어떤 영화를 만들지 기대해 볼까요?

스필버그 X-파일

농담에서 명장면이 나왔다니!

스필버그가 〈레이더스〉를 촬영하려고 튀니지에 머물 때였어요. 주인공 인디애나 존스를 맡은 해리슨 포드가 배탈이 났어요.

"스티븐, 이번에 찍을 장면은 뭐지?"

계속 화장실을 들락거리던 포드가 괴로운 표정으로 물었어요.

"칼을 휘두르는 악당과 싸우는 장면이에요."

"이것참 큰일이군. 이 장면을 한 시간 안에 끝낼 수 있을까?"

스필버그는 힘들어하는 포드의 걱정을 덜어 주려고 농담을 했어요.

"물론이에요. 당신이 그 악당을 총으로 쏜다면요."

포드는 영화를 찍을 때 진짜 그 말대로 했어요. 악당이 한참 멋지게 칼을 휘두르며 공격해 올 때 인디애나 존스는 칼 대신에 권총을 뽑아 간단히 '빵!' 하고 쏘았지요. 이 장면을 본 사람들은 큰 웃음을 터뜨렸어요. 스필버그의 말 한마디에 정말 우스꽝스러운 장면이 나왔고, 이 장면은 〈레이더스〉 하면 떠오르는 명장면이 되었어요. 이런 장면은 스필버그가 유머와 재치가 있는 감독이기 때문에 나올 수 있었답니다.

〈레이더스〉 촬영장에서 해리슨 포드(오른쪽)와 함께 있는 스필버그(왼쪽).

루카스가 〈이티〉를 만들었다면?

스필버그 인물 파일

〈ET(이티)〉를 찍은 스티븐 스필버그와 〈스타 워즈(별들의 전쟁)〉를 찍은 조지 루카스는 할리우드에서 비슷한 시기에 활동해 영화계에 새바람을 일으켰어요. 두 사람은 두 살 차이로 나이도 비슷하고, 영화에 대한 생각도 비슷해서 아주 친한 친구가 될 수 있었어요.

하지만 두 사람의 생각이 모두 같았던 건 아니에요.

함께 작업한 〈레이더스〉에서 루카스는 인디애나 존스가 가끔은 술에 취하는 바람둥이이길 바랐으나, 스필버그는 어른들에게는 믿음을 주고, 아이들에게는 닮고 싶은 사람이길 원했어요. 결국 〈레이더스〉에서 존스는 스필버그의 생각대로 착한 영웅이 되어 영화에 나오지요.

외계인도 마찬가지예요. 루카스는 〈스타 워즈〉에서 아주 못된 외계인을 만들었고, 스필버그는 〈이티〉에서 아주 착한 외계인을 만들어 냈지요.

만약 루카스가 〈이티〉를 만들었으면 어땠을까요?

어쩌면 외계인 이티가 엘리엇을 우주로 납치하려고 애쓰는 이야기가 나왔을지도 모르지요.

〈레이더스〉의 주인공 성격을 결정짓는 데 두 사람의 생각이 다르네!

이티와 스티븐 스필버그.

스티븐 스필버그(왼쪽)와 조지 루카스(오른쪽).

유니버설 스튜디오 23C호실

유니버설 스튜디오는 할리우드에서 가장 영화를 많이 찍는 곳이에요.
"내가 일할 곳이 바로 여기야. 곧 그렇게 될 거야."
스필버그는 유니버설에 처음 방문하자마자 당찬 생각을 품었어요.
하지만 겨우 열아홉 살의 대학생 영화감독 지망생을 위한 자리는
없었어요. 아무도 그에게 눈길을 주지 않았지요.
단 한 사람, 아버지의 친구 척 실버스만 빼고 말이에요.
실버스는 스필버그에게 통행증을 만들어 주었어요. 그러자 스필버그는
매일같이 출근하여 하루 종일 스튜디오 구석구석을 돌아다니며 감독,
카메라맨, 편집자들의 틈에 섞여 구경도 하고 참견도 했지요.
"아까 그 사람 누구야? 많이 본 것 같기는 한데……."
스필버그가 자리를 뜨면 다들 고개를 갸우뚱거리곤 했어요.
얼마 뒤, 스필버그는 유니버설 스튜디오의 빈 사무실 하나를
발견하고는 '23C호실-스필버그'라는 명패를 붙여 놓았어요.
스스로 자기 자리를 만들 만큼 영화에 대한 열정이 대단하지요?

일본에 있는 유니버설 스튜디오 이티 어드벤처.

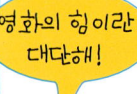
영화의 힘이란 대단해!

스필버그

한국사·세계사 연표

스필버그	연도	한국사·세계사
미국 신시내티에서 출생함.	1946	파리 평화 회의.
	1960	
〈도피할 곳이 없다〉로 캐넌 필름 주니어 영화 축제에서 대상을 받음.	1961	5·16 군사 정변. 소련, 유인 우주선 발사.
피닉스 리틀 극장에서 〈불빛〉을 상영함.	1964	6·3 사태 발생.
〈앰블린〉으로 애틀랜타, 베니스 영화제 최고 단편상을 수상함.	1969	아폴로 11호 발사, 달 착륙 성공. 3선 개헌 반대 학생 데모 시작.
	1970	
〈대결〉로 대상 수상.	1971	중화 인민 공화국, 국제 연합 가입.
〈조스〉 개봉.	1975	수에즈 운하, 8년 만에 재개.
〈미지와의 조우〉 개봉.	1977	고리 원자력 1호 발전기 점화.
	1980	
〈레이더스〉 제작.	1981	미국, 우주 왕복선 컬럼비아 호 발사.
〈ET〉 개봉.	1982	정부, 야간 통금 전면 해제.
〈레이더스〉의 속편 제작. 앰블린 엔터테인먼트 창립.	1984	서울 대공원 개원. 세계 최대 활화산 마우나로아 폭발.
〈컬러 퍼플〉 제작.	1985	남북 고향 방문단, 서울·평양 왕래.
〈인디애나 존스-마지막 성전〉 제작.	1989	독일 베를린 장벽 붕괴.
	1990	
〈쥐라기 공원〉, 〈쉰들러 리스트〉 제작. 〈쉰들러 리스트〉로 아카데미 감독상 수상.	1993	금융 실명제 실시. 우루과이 라운드 협상 타결.
'드림웍스' 창립.	1994	남아프리카 공화국에 첫 흑인 대통령 당선.
〈라이언 일병 구하기〉로 아카데미 감독상을 두 번째로 수상.	1998	

아폴로 11호 달 착륙.

스필버그가 만든 작품이 많네!

스필버그가 만든 작품은 나도 다 봤는걸!

나도 스필버그처럼 영화를 만들어 볼 테야.

〈지식똑똑 큰인물 탐구〉 교과 연계표 (전70권)

테마	권	제 목	교과서 수록 및 연계
의지와 기상	01	땅을 넓힌 광개토 대왕	초등학교 읽기 5-1 8. 함께하는 세상 166~169쪽 / 초등학교 사회과 탐구 5-1 1. 하나 된 겨레 20쪽 / 중학교 역사(상) Ⅱ. 삼국의 성립과 발전, 대교 42쪽, 두산동아 48쪽
	02	황산벌에서 싸운 계백	중학교 역사(상) Ⅲ. 통일 신라와 발해, 대교 78쪽, 두산동아 74쪽
	03	삼국 통일을 이끈 김유신	초등학교 사회과 탐구 5-1 1. 하나 된 겨레 30쪽 / 중학교 역사(상) Ⅲ. 통일 신라와 발해, 대교 82쪽, 두산동아 74쪽
	04	충무공 이순신	초등학교 사회과 탐구 5-1 3. 유교 전통이 자리 잡은 조선 76쪽 / 초등학교 도덕 6학년 1. 귀중한 나, 참다운 꿈 19쪽 / 중학교 국어 1-2 2. 세상으로 열린 길, 두산동아 110~117쪽
	05	정복왕 알렉산드로스	중학교 역사(상) Ⅶ. 통일 제국의 형성과 세계 종교의 등장, 대교 235쪽, 두산동아 192쪽
	06	불가능은 없다 나폴레옹	중학교 역사(하) Ⅴ. 국민 국가의 형성과 산업화, 두산동아 133쪽 / 중학교 역사(하) Ⅴ. 산업화와 국민 국가의 형성, 교학사 141쪽
	07	대제국을 세운 칭기즈 칸	중학교 역사(상) Ⅸ. 교류의 확대와 전통 사회의 발전, 대교 288쪽, 두산동아 256쪽
지혜와 용기	08	해상왕 장보고	초등학교 사회과 탐구 5-1 1. 하나 된 겨레 34쪽 / 중학교 역사(상) Ⅲ. 통일 신라와 발해, 대교 96쪽
	09	고려를 세운 왕건	초등학교 사회과 탐구 5-1 2. 다양한 문화를 꽃피운 고려 44쪽 / 중학교 역사(상) Ⅳ. 고려의 성립과 발전, 대교 108쪽, 두산동아 98쪽
	10	목민심서 정약용	초등학교 도덕 5학년 1. 최선을 다하는 삶 19쪽 / 초등학교 국어 6-1 읽기 6. 타당한 근거 122~126쪽 / 중학교 도덕 1학년 Ⅰ. 도덕적 주체로서의 나, 미래엔 52쪽
	11	한글을 만든 세종 대왕	초등학교 사회과 탐구 5-1 3. 유교 전통이 자리 잡은 조선 76쪽 / 초등학교 국어 읽기 6-2 5. 언어의 세계 125~128쪽 / 중학교 역사(상) Ⅵ. 조선의 성립과 발전, 대교 202쪽, 두산동아 162쪽
	12	역사학자 신채호	초등학교 사회과 탐구 5-2 2. 새로운 문물의 수용과 자주독립 67쪽 / 중학교 역사(상) Ⅲ. 통일 신라와 발해, 대교 80쪽
자유와 인권	13	노예를 해방한 링컨	초등학교 도덕 5학년 2. 감정, 내 안에 친구 41쪽
	14	인도 독립 간디	초등학교 도덕 6학년 4. 서로 배려하고 봉사하며 79쪽 / 중학교 국어 1-2 4. 체험과 깨달음, 디딤돌 125쪽 / 중학교 도덕 2학년 Ⅲ. 사회·국가·지구 공동체와의 관계, 두산동아 177쪽
	15	녹두 장군 전봉준	초등학교 사회과 탐구 5-2 2. 새로운 문물의 수용과 자주독립 43쪽 / 중학교 도덕 3학년 Ⅱ. 인간의 존엄성과 인권, 천재 70쪽
	16	독립투사 안중근	초등학교 국어 읽기 5-2 2. 사건의 기록 46~52쪽 / 초등학교 사회과 탐구 5-2 2. 새로운 문물의 수용과 자주독립 37쪽 / 초등학교 도덕 6학년 6. 용기, 내 안의 위대한 힘 120쪽
	17	인권 운동가 마틴 루서 킹	초등학교 국어 듣기·말하기·쓰기 6-2 6. 생각과 논리 122쪽 / 초등학교 사회 6-2 1. 우리나라의 민주 정치 41쪽 / 중학교 도덕 2학년 Ⅲ. 사회·국가·지구 공동체와의 관계, 두산동아 176쪽
	18	흑백 화합을 이룬 만델라	초등학교 생활의 길잡이 6 6. 용기, 내 안의 위대한 힘 99쪽 / 중학교 도덕 2학년 Ⅰ. 일과 배움, 디딤돌 56쪽
	19	민족의 지도자 김구	초등학교 사회과 탐구 5-2 2. 새로운 문물의 수용과 자주독립 37쪽 / 초등학교 국어 듣기·말하기·쓰기 6-1 6. 타당한 근거 112~117쪽 / 중학교 도덕 2학년 Ⅲ. 통일과 민족 공동체 윤리, 두산동아 172쪽
	20	만세 운동 유관순	초등학교 읽기 5-1 8. 함께하는 세상 170~174쪽 / 중학교 도덕 2학년 Ⅱ. 청소년과 도덕, 두산동아 128쪽
	21	민족의 스승 안창호	초등학교 사회과 탐구 5-2 2. 새로운 문물의 수용과 자주독립 37쪽 / 초등학교 도덕 6학년 2. 책임을 다하는 삶 45쪽 / 중학교 도덕 2학년 3. 계획과 성취, 중앙교육 65쪽
	22	김대중, 김수환, 반기문, 달라이 라마	초등학교 생활의 길잡이 6학년 10. 참되고 숭고한 사랑 171쪽 / 초등학교 국어 6-2 읽기 4. 마음의 울림 114쪽
예술과 창조	23	현모양처 화가 신사임당	중학교 역사(상) Ⅵ. 조선의 성립과 발전, 대교 197쪽
	24	풍속화를 그린 김홍도	중학교 역사(상) Ⅳ. 조선의 성립과 발전, 대교 199쪽 / 중학교 도덕 2학년 Ⅳ. 문화와 도덕, 두산동아 268, 281~284쪽
	25	소를 그린 화가 이중섭	초등학교 국어 6-2 듣기·말하기·쓰기 1. 문학과 삶 14쪽
	26	만능 예술가 레오나르도 다빈치	중학교 도덕 2학년 Ⅰ. 일과 배움, 미래엔 33쪽 / 중학교 역사(상) Ⅷ. 다양한 문화권의 형성, 대교 279쪽
	27	미켈란젤로, 빈센트 반 고흐	중학교 도덕 2학년 Ⅰ. 일과 배움, 두산동아 65쪽 / 중학교 도덕 2학년 Ⅰ. 문화와 도덕, 두산동아 282~283쪽
	28	음악의 신동 모차르트	초등학교 음악 6학년 1. 나가자 달리자!, 금성출판사 13쪽 / 중학교 음악 1학년 5. 자연을 노래하는 우리, 금성출판사 74쪽
	29	위대한 음악가 베토벤	중학교 도덕 2학년 Ⅵ. 문화와 도덕, 미래엔 265쪽 / 중학교 도덕 3학년 Ⅵ. 삶과 종교, 두산동아 183쪽, 천재교육 198쪽
	30	가곡의 왕 슈베르트	중학교 음악 1학년 6. 서정을 노래하는 우리, 금성출판사 88쪽
	31	동화의 아버지 안데르센	초등학교 국어 6-1 듣기·말하기·쓰기 국어 교실 함께 가꾸기 146쪽
	32	영국의 극작가 셰익스피어	초등학교 국어 6-1 읽기 우리말 꾸러미 192쪽 / 중학교 도덕 2학년 Ⅱ. 청소년과 도덕, 중앙교육 132쪽
	33	러시아의 대문호 톨스토이	초등학교 국어 5-2 읽기 6. 깊은 생각 바른 판단 158쪽 / 중학교 도덕 1학년 Ⅰ. 인간과 도덕, 미래엔 37쪽 / 중학교 도덕 2학년 Ⅰ. 일과 배움, 중앙교육 68쪽
	34	최고의 영화감독 스필버그	초등학교 도덕 5학년 6. 돌아보고 거듭나고 113쪽 / 중학교 국어 1-2 4. 인물들의 마음 읽기, 천재교육 195~197쪽 / 중학교 도덕 2학년 Ⅳ. 문화와 도덕, 중앙교육 277쪽
	35	백남준, 찰리 채플린, 미야자키 하야오, 안토니오 가우디	초등학교 도덕 6학년 1. 귀중한 나, 참다운 꿈 15~25쪽 / 중등 도덕 2학년 Ⅰ. 일과 배움, 두산동아 51~52쪽